野心

Yashin

野に放された自由な心

小林宏子

中西出版

野《や》心《しん》

もくじ

白の時代

ピンクの時代

赤の時代

ブルー&バイオレットの時代

白の時代

一九四二・十一・十五

昭和十六年（一九四一年）十二月、ハワイの真珠湾攻撃から始まった太平洋戦争、その翌年の昭和十七年（一九四二年）十一月十五日、父小林槌三郎、岡山県児島半島の胸上村出身明治四十一年（一九〇八年）生まれ、母マキ、北海道雨竜郡深川市出身明治四十三年（一九一〇年）生まれの次女として大阪市旭区森小路で、恵まれた環境に私は誕生した。

昭和十九年（一九四四年）春、一歳半になっていた私は、戦争が激しくなる戦地ニューギニアに向かう父を見送る為、母と兄と姫路港にいた。

父は、「子供を叱らないで優しく言って聞かせ大切に育ててほしい。もしも私が死んだなら骨は高野山に納めてほしい。」と最後の言葉を母に残したらしい。

そして、父は南方の戦地へ向かう輸送船へと消えていった。

その後、空襲が激しくなる大阪で六歳上の兄と母との生活が始まった。

米軍の爆撃機B29が大阪上空に編隊を組んで飛んでくると「キイーキイー」と空襲警報が鳴り響き、母は光が外に漏れないように黒い布を被せた裸電球を急いで消した。「じゅきんじゅきん」と慌てる私に綿入れの頭巾を被せ急いで防空壕に向かった。そして、暗い中で皆が息を潜め、じっとしていた。

母の暖かい懐に抱かれて私は幸せだった。

私が微かに覚えている人生のワンシーンである。

身体の弱かった父は、ニューギニアの熱帯雨林の中、暑さ、飢え、そして伝染病の蔓延する中、息も絶え絶えながらも別れた母や兄と幼い私のことを強く思ってくれていたのだと思う。

残酷なことに、日本を離れて僅か三ケ月で戦病死したと聞かされた。

私達は、父が戦死したことで頼れる人も居なく、また、大阪の空襲が激しさを増してきたことから北海道雨竜郡深川市一已村の祖母を頼って疎開した。

母方の祖父は幕末に武士の子として山口県で生まれ、志を持って北海道に渡り、深川市で大きな商いをしていたが、菜種油から失火して全財産を失い没落したようだ。残った祖母は、隣の一已村で米、野菜などを作り一人で暮らしていた。

そこに、私達親子三人は身を寄せた。

戦時中、食べるものもなく大人一人でも生きることが難しい時代に、娘と孫二人が増え生活は凄く厳しかったのだと思う。

祖母は、よく泣きおねしょをする私を叱責して、そんな生活の中で母は肩身の狭い思いをしていたようだ。

疎開から数ケ月後、大阪大空襲があり、一般市民一万人以上が犠牲になり命を落とした。それを思う時、その人達の分まで頑張りたいと思う気持ちが新たになる。

戦後、三歳半になっていた私は、北海道名寄市の伯父と母、兄と私の四人で父の葬儀の為、岡山県児島郡に向かった。モノクロの風景の中、田舎道を何人かの人達が列をなして歩いて行く様子をはっきりと覚えている。

母は父との別れの「四華花《しかばな》」を私に持たせようとしたが、白いふわふわした作り花を持つのが嫌だと激しく泣きじゃくった。兄は長男らしく位牌を持って前を歩いていたのを今でも思い出す。

村の長老の方々が心を込めて作ってくださった「四華花」を持つのを拒否して申し訳なかったと、大人になった今だから思える。

葬儀を終え、北海道への帰路、復員兵達でごったがえす列車の中で、伯父が列車の窓を開けてくれ、オシッコをさせてくれた。この時の風が凄く気持ちよかった。

列車の乗り継ぎの為、上野駅のホームで待っている時、二人のおじさんが「お嬢ちゃんお腹すいているの」と細くて小さい薩摩芋を新聞紙に包《くる》んで私に手渡してくれた。

私は、黙々と食べた。

あのおじちゃん達は、優しいお父さんになって幸せな人生を歩んだことでしょう。

そして疎開した一巳村に戻り、青く広い空の澄みきった空気の中、田んぼの蛙やオタマジャクシとの遊びの長閑《のどか》な暮らしの中で伸び伸びと育った。

小学校入学の為、そんな楽しい生活に別れを告げ隣の妹背牛町に移った。

妹背牛小学校

雨竜郡妹背牛町は、北海道の中心に位置し、米どころの小さな裕福な町である。私は昭和二十四年（一九四九年）妹背牛小学校に入学した。校庭と町全部が遊び場だった。

ある日、遊びが終わり夕方に家に帰ると、母に「また、写真屋さんの前で踊っていたの」と笑われた。写真屋さんに飾られている一枚の写真を見ては、色々なことを想像し振付をして、いつも踊っていたのだ。

その頃、美空ひばりさんの歌真似が得意で帽子をかぶり、木の枝をステッキ代りにしリンゴ箱の上で「東京キッド」を歌って皆に見てもらい褒めてもらうのが凄く嬉しかった。

また、母は洋裁を仕事とし、いつもミシンを踏み少女雑誌に出てくるような素敵な洋服を作っていた。その洋服が完成すると嬉しく心が踊った。

いつも元気な母が、ある朝、動けなくなり近所のおじさんに頼んで、リヤカーで病院につれていってもらった。病室から出てきた母は、すっかり元気になって歩いて帰ってきた。昭和三十年頃、当時は、痛み止めとして「ヒロポン」を注射していたらしい。そんな時代に、最初に覚えた英語が、米兵に何かをねだる少年のセリフで「ハングリー」だった。

小学四年生の頃、しんみりとした口調で、母は「人生で一番大切なものはお金ではないと思う。もっと大切なものが他にあると思う。」と言っていた。

お金では、相当苦労していたのだろうに、その言葉が、私の心に突き刺さり、今でも忘れない。

ある時、法事の席で茶碗蒸しがでた。一口食べると生まれて初めて経験した美味しさだったけど、母に食べてもらいたかった私は、「お腹いっぱい」と嘘をつき母に渡した。

美味しそうに食べる母を見て凄く嬉しかったことを思いだす。

私は、国語と音楽が好きだったが、走るのが大の苦手で運動会では、いつもビリから二番目だった。しかし、要領が良かったせいか障害物競走では、一等をとったことがある。

また、運動会の入場式で応援にきた従兄弟たちが、なにやら笑っていたので私も嬉しくて笑っていたが、後から皆に聞いたら、手と足の動きが一緒になっていたのに、得意気に歩いていたのが面白かったらしい。

妹背牛の雄大な自然は、アンデルセンのマッチ売りの少女やイギリス民話のジャックと豆の木の物語のように、私に想像力と冒険心をプレゼントしてくれたのだろう。

お伽噺のような楽しい妹背牛小学校六年生の時に、母の仕事の関係で空知郡奈井江に引っ越し、奈井江小学校に転校した。

小説家の奥さんになりたい

奈井江小学校に転校したのは、丁度、三学期の始まりの頃だったが、学級委員に選ばれたり、習字が学校の廊下に張り出されたりしたことが原因なのか、悪い子に虐められるようになった。また、片親だということもあり、近所の子供達から理不尽な差別を受けるようになり、驚きと悲しさの連続だった。

虐めなどで少し悩んでいた頃、初めて我が家にもテレビがついた。皇太子様の御成婚パレードが放映され日本中が歓喜の声を上げていた。

番組では、水の江滝子の「ジェスチャー」、九重佑三子の「コメットさん」、朝の連続ドラマは、十朱幸代の「バス通り裏」などが放送され、中村八大と永六輔コンビの「夢であいましょう」では、名曲が沢山生まれ、また、坂本九の

「上を向いて歩こう」、ジェリー藤尾の「遠くへ行きたい」などがヒット曲となっていた。また、何より司会者の中島弘子の笑顔で首をかしげながらの挨拶には、皆が憧れをいだき真似をしていた。

全ての番組に興味はあったが、何よりも私は、一本のドラマが凄く楽しみだった。

ある小説家が作品を書けなくなり悩んでいた。その奥さんの行動がいつも明るく、楽しく周囲の人達を和ませていく。

ドラマのストーリーは、ハプニングの連続であったが、いつも明るい奥さんの行動に影響を受け、ご主人は小説を書けるようになった。

そのドラマを見て、いつか私は小説家の奥さんになろうと夢を見ていた思い出がある。

その頃から母への反抗期が始まった。

私にとっては、仕方ない時期だったのかもしれないが、自分に都合の良いように勝手に考えていた。母は凄く辛かったのだと今は思いだしながら後悔している。

箏曲生田流名取

父亡き後、二人の子供を育てるのに懸命で、他に目を向ける余裕がなかったと思う母が小学六年生の時「芸は身を助けるから」と言い、私に何か芸事を習いなさいと言った。

同級生のお母さんがお箏の師匠だったことや、私も少し興味が有ったことからすぐに入門させてもらった。

箏には、生田流と山田流があり、私が入門したのは生田流、ツメが四角く譜面があり箏に向かって横にかまえた。

山田流は、ツメが丸く楽譜は暗記で箏に向かって真っすぐ座るという違いがあり、私は、何故か生田流が気に入った。

最初のお稽古は「ロバサン」だった。直ぐ覚えることができた。次は、宮城道雄作曲の「六段の調べ」で邦楽の旋律にすぐに馴染めた。これは、父の先祖が岡山藩出身で平家の武士の血筋のお陰であると幼心に思った。

お箏の修行は、六年間続け、進学か名取免状取得かの選択をせまられた。この時、師匠からの強い薦めもあり名取に挑戦した。

試験会場は、中島公園のパークホテル、正派生田流の家元中島雅楽之都氏、中島靖子氏、尺八都山流の山本邦山氏といった、有名な先生方の前で試験に挑んだ。試験は三つあり、一つ目は、「指定曲を弾く」、二つ目は、「屏風の陰で弾く曲名を当てる」、三つ目は、筆記試験であり、結果は、全参加者中、上位で合格することができた。そして、家元の名「雅楽」を冠し「雅楽宏」を頂いた。

名取の披露演奏会は、札幌の市民会館で催され、三十四面もの箏の演奏は煌びやかであり、そんな舞台に立てて興奮した。そして、母の満足そうな顔が客席にあった。

やがて結婚した私は、お弟子さんもいて「藤林雅楽宏」社中として演奏会を開催し、幸せな時代を過ごしていた。

沢山の努力をして家元から名を頂いた経験が、その後の人生において、誇りと自信となった。

また、何事にも動じない自分が少しずつ芽生えてきたのだと思う。

ピンクの時代

コスミック・キャンディズ　──宇宙の花たち──

昭和四十五年（一九七〇年）東北新幹線工事の為、国鉄保線区に勤務していた夫と長男と共に仙台に移り住んだ。

親権を巡り離婚裁判を題材とした洋画「クレイマー、クレイマー」が大きな話題を呼び、夏木静子が母性本能をテーマとした小説「霧氷」を発表し日本中にセンセーションを起こした。

その頃の私は身体の内から燃え上がる生命力に逆らえず、知る人もいない仙台の街に夢中で飛び出した。

杜の都仙台は緑がいっぱいで美しく、広瀬川を見下ろす高台のマンションの一階の画廊すえひろに就職することができた。

社長は東京日本橋で扇子屋を営み、深々と帽子をかぶり大きな鞄を大切そうに抱え月に一度、店に登場した。

いかにも道楽の経営だと、直ぐ納得できた。骨董品や絵画は殆ど売れず静かな日々を過ごした。

一年もしないうちに画廊すえひろの副支配人高谷はスポンサーを見つけ駅前の志ら梅ビル十階にギャラリー鷹をオープンし、私も同行し、新しいギャラリーのマダムになってしまった。

昭和四十七（一九七二年）年、日本経済の高度成長が続く中、田中角栄が内閣総理大臣に就任し、日中国交が正常化したことによって贈られたパンダを見ようと、上野動物園には長蛇の列ができ、日清食品のカップヌードルが話題となった。

この時代を背景にして、伊達政宗公ゆかりの美しい杜の都仙台の、駅前「ギャラリー鷹」から私の新たな画商生活は始まった。華やかで奇抜な催し物を企画して、美術愛好家達の感性に訴え、また、河北新報学芸部の方にもよく取材を頂き、知名度を上げていった。

そのギャラリーでは大胆な企画で画家やアート研究家たちにヨーロッパ美術体験を提案し、二十人程が集まった。昭和四十七年（一九七二年）十一月、ツアーは、早朝の羽田空港から乗り込んだ旧ソビエト連邦の航空機で始まり、翌日の夜更けにパリの上空にさしかかった。眼下にはキラキラと輝く宝石が散りばめられたような夜景が広がり飛行機はゆっくりと着陸態勢に入った。その美しさに私は、火の鳥の翼に乗りダイヤモンドの中に突入するようで興奮した。機体はまもなくシャルル・ド・ゴール空港に静かに着陸した。——ヨーロッパの旅は、大きな宝石箱の中から始まった。

翌日、私は早朝のパリの空気を身体一杯に吸った。パリでは、何年かぶりの雪がつもり、風に吹かれた黄色の落ち葉と白い石畳とが織りなす美しい風景の中、子供達が笑い声を上げて燥《はしゃ》ぎ回り、まるでフランス映画のワンシーンのようだった。

その日、パリ画壇で活躍する増田誠画伯とセーヌ川で待ち合わせた。画伯は、大正九年（一九二〇年）山梨県生まれ、理容業を営む父のもと中学時代は似顔絵の天才と言われ、その後釧路で農業、看板業を経て、昭和三十二年（一九五七年）に画業に専念するため渡仏し、六年後にはサロン・ドートンヌの会員になり、パリのカフェで談笑する「パリっ子」を描いた油絵は脚光を浴び、また、展覧会では数々の賞に輝き名声を博していった。画伯は物静かで口数も少なくセーヌ川を背にした姿はオーラに包まれ「男の美学」に溢れ、心をうたれた。ひとつの事を極めた人は既に神の領域に入っているのだろうか。

その後、東京新小岩で病院を経営する水彩画家齋藤喜久夫画伯と待ち合わせて、ツアーの人達とベルサイユ宮殿に向かった。

一六八二年、フランス国王ルイ十四世によって建てられた世界一華麗なベルサイユ宮殿の広い廊下の椅子に座り、画伯はなにやら後ろ手でゴソゴソ撫で回し始めた。ヨーロッパの貴族のように気品に溢れお茶目な彼は「椅子の綻びの糸を見つけると幸せになれるんだよ」と言う。私は「そうなんですか」と探してはみたものの見つかるはずもなく二人は無邪気に声を出して笑った。

また、ルーヴル美術館にある、あの有名な《モナリザ》の前では、人だかりができていた。

次に、齋藤画伯とツアー一行は、早朝にはピストルで撃たれた黒人達の死体が横たわっている、という治安の悪いモンマルトルの丘に向かった。昼間は世界中から絵描きを目指し、真剣に取り組む情熱的な若者達の姿で丘は「きらきら」と眩しいばかりに輝いていた。

一枚の絵の前で足が止まった。《腕時計》というタイトルの二十号の板に黒人が笑っている油絵で、その左腕には大きな時計が輝いていた。黒人はパリに出稼ぎにきて腕時計を手に入れるのが夢なのだ、と得意げに紹介してくれた露天商の男性も黒人だった。

私はその絵に感動した。

それから、ラパン・アジールというシャンソンの酒場に齋藤画伯に案内された。内装は暗く灯りが一つ、カウンター席に座るとオリーブ酒が出され、初老の男性が静かに歌い出した。聞きなれた曲の中に〝ラ・ボエーム〟が流れてきた時、モンマルトルの丘には、ピッタリの曲でハートをわしづかみにされた。

齋藤画伯は、街の裏通りとそこに住む人達の温もりの生活を描いていた。

画伯から興味深いことを教わった。「男心は女には分からない、女心も男には分からない。二本のレールの線路のように永遠に交わることがない。男の吐く言葉、それが男心なんだから聞いてあげなさい。いつか必ず男は分かってくれる時がくる。そうして愛してもらいなさい。男に愛されない女なんて——男と女はひとりでは決して花は咲かないのだよ」この言葉は私の心の中で生き続けている。

翌日、私たちツアー一行はパリを後にして、ドーバー海峡を船でロンドンへ渡り、バッキンガム宮殿で「衛兵交代式」を見学した。黒い大きな帽子に鮮やかな赤の軍服に身を包みまるでお伽噺に出てくるような兵隊さんは、カッコ良く息を呑むほど美しく魅了された。

翌日船でオランダに向かい、アムステルダムのゴッホ美術館を見学した。絵画の迫力に圧倒され、時間が止まったように見入ってしまった。ゴッホは葛飾北斎の版画から強い影響を受けていると学んでいた。私には北斎の娘葛飾応為の作品と重なって見えた。

そしてゴッホの絵からは、ブラームスの交響曲第四番が聴こえてきた気がした。

異国で自らを信じ、宇宙に一つしかない自分という大きな花を咲かせた日本人画家達に感動し、また、外国人の芸術に対する感性にも驚愕するなど、多くの事を学んで十日間の夢のようなヨーロッパの旅は終わった。

日本では、作詞家の山口洋子が経営する銀座の高級クラブ〈姫〉とギャラリー〈猫〉が政財界の社交場となっていた。五木ひろしが数々のヒット曲を出してスターダムにのし上がり、昭和五十三年（一九七八年）さとう宗幸の『青葉城恋歌』も大ヒットし、情緒溢れる仙台の街を静かに流れる広瀬川が全国に知れ渡った。

銀座の有名な画廊を舞台に、画商達の仕掛で投資を目的とした絵画が高値で売買されていた。東郷青児の絵は、一号が百万円程で売られたが、その作品たちは、いつしか物置の奥にしまわれ、その後、陽の目を見ることは無かったようだ。

「ギャラリー鷹」にも、予期せぬ客たちがドアを開けてやってきた。

中でも六十歳位の眼光鋭い男性との出逢いは強烈であった。葛飾北斎、歌川広重などの有名な版画や春画など、普段手に取ることのない高価な作品ばかりを風呂敷に包み、大切そうに脇に抱え全国の画廊を回る風呂敷画商だ。

城を持たない戦国武将の様で、武器は版画のみ、その解説には迫力と情熱が迸り、圧倒され引き込まれていった。その画商は、私をじっと見て「手相を見せて下さい」と言った。

掌《てのひら》を出すと「あなたは凄い強運の持ち主だ、誰かの生まれ変わりかもしれない」と静かだけど力強く言われた。その一年前に離婚したばかりの私には、底知れない衝撃的な言葉に聞こえた。あの時の神秘的な鋭い目と言葉は五十年程経った今でも忘れることはない。

スペインからヨットで日本に来た二十歳位のフェルナンドという、まだ少年っぽさの残る青年が突然目の前に現れた時は驚いた。彼は「日本には墨という素晴らしいものがあるのにどうしてもっと使われないのですか」と上手な日本語で話してくれた。そうして、画用紙に墨汁でサッと裸婦を描いてプレゼントしてくれた。

線だけでこんなに立体感がでるのかと墨の素晴らしさに驚いた。

店主の高谷は企画の打ち合わせに人と会うと東京に出かけていった。予定日になっても戻らず、その後姿を現すことはなかった。蒸発したのだ。

その後、東京の六本木のスペイン料理屋で絵描さんたちと食事をした時、ドン・ホセミアというアメリカ人を紹介された。彼は、何故か柳の話をしてくれた。「折れてしまったら駄目なんだよ、柳はしなやかで折れないからね」と――ホセミアは、ロッキード事件の金の運び屋だったことを数日後、新聞の一面の記事で知った。

私は、多くの作品と対峙してきたが、どんなに技巧を用いても、人間性はキャンバスの中では隠しようもないのだと知った。また、この頃に物事に対する善悪の弁別能力が養われたかもしれない。二十九歳で未知の世界に飛び込み毎日が小説より奇なりの連続で嘘か誠か泡沫《うたかた》か――奇跡も起きた。

人はこの世に生を受け、宇宙でたった一つの自分という花を美しく咲かせたいと願い懸命に生きている。どうしたら納得のいく人生を送れるのだろうか。

それには、心を開いて素直に人と語ることだと思う。

日本語を大切にしたいと何時も考えている。みんなで力を合わせて心の底から安らぐようなムーブメントを作りたい、ラジオのスイッチを入れると何時でも色々のジャンルの音楽が聴こえてくるように「書」「絵」「文学」も、人々の感性にメッセージを贈って貰えると、素晴らしい。芸術を普通の市民の生活に取り入れることができたら、多くの人の心はイキイキと輝き、それほど美しい人生は無いと断言できる。私は、芸術を営利目的とする画商の世界から離れ、純粋に芸術を楽しむことのできる普通の市民に戻りたいと強く思い始めていた。そして、仙台の画商生活に終止符をうつ決心をした。

私はスペインの青年フェルナンドの墨絵の裸婦と作者不明の油絵《ピエロ》を持って、新聞記者の友人に見送られ札幌行の夜行列車を待っていた。

友人は、「あなたは、道を切り開くバイタリティーがあるから大丈夫ですよ」その言葉に添えて詩を贈ってくれた。

降りしきる雪の彼方に　あなたは消えた
朝　そこはあなたのいない哀しみに　ふちどられているのだろう
唐突の出会いが　しばらくは　僕をいじめる
さようなら　懸命なあなたを見送る
それが僕の心からの　やり方なのだから

プラットホームは遠ざかり視界から消えた。私の画商生活は終わった。札幌に戻った私は、何かを断ち切るかのように昼夜を問わず黙々と働いて世の中の底辺を嘗め回すかのように人の心を学んでいった。

一年後、ススキノの豊平川をバックに小さな喫茶店を開いてテレビ塔を見上げた。好奇心と想像力を友として力強く大地に足を踏み出した。芸術は時間と空間を越えていく。

マンモスキャバレー　エンペラー

昭和五十六年（一九八一年）頃の札幌繁華街ススキノは、まだまだ賑わっていた。

国道三十六号沿いに、ひときわ大きくそびえるキャバレー　エンペラーは、煌びやかなネオンの中で光っていた。

ススキノの象徴のようなキャバレー　エンペラーに人々は人生で一度は行ってみたいと思い、地方の人達には、憧れでもあり希望の星でもあった。

世の中は、そんな時代。

青木商事の青木繁社長は、釧路で自転車屋をはじめとして、手広く商いをして財を成し、高度成長期の昭和四十八年（一九七三年）札幌にキャバレー　エンペラーを開店し、その後、釧路、札幌に併せて十六店舗を展開して順風満帆だった。

青木繁社長は、胴巻きに札束を忍ばせ、夜ごと賭博に興じ豪放磊落の人物だったと聞いている。美しい奥様は、そのような時代、借金のかたに取ったと聞いていた。そんな社長が慶應病院で息を引きとったのは六十五歳だ。

その頃、私はススキノの隅で小さな喫茶店を経営し、一杯百五十円のモーニングコーヒーを売りながら夢に向かっていた。

閉店後、キャバレー　エンペラーの前を通ると歌手の大きな看板の下で演歌が大きく流れ、客引きの人の良さそうな小太りのおじさんの顔を見るのが、一日の終わりの楽しみだった。

そんな折、キャバレー　エンペラーで女性副支配人募集の案内を見た私は給料二十九万五千円という、私の今までの収入としては、破格の高さに驚いてしまった。

早速、八柳鐵郎専務との面接を受け採用されホールデビューした。

広いホールでは、綺麗にお化粧をして、カールしたヘアーを靡かせ胸を出したロングドレスを着たり、着物を纏《まと》い、きりりと髪をアップにしたりしたホステスさん達で華やぎ、私はなんだかソワソワと胸が騒いだ。

これから男と女の勝負《たたかい》に挑む気迫に圧倒されながら、日頃、世の中は男と女の勝負だと思っている私には、妙に納得いく光景だった。

昭和四十八年、パリの裏通りで堂々と腕組みをしながら男達を待つ、国が認めたコールガール「飾り窓の女達」を思い出していた。

ステージでは、大川栄策が「さざんかの宿」を、切なくしっとりと熱唱し、客席は、自分の人生と重ねているのか、静まり返っていた。

「さざんかの宿」は、その年の暮れのレコード大賞に輝き、ギャラが跳ね上がり、再びエンペラーのステージに立つことはなかった。

鶴田浩二、八代亜紀、細川たかし、小柳ルミ子、大月みやこ、ジュディ・オング、島倉千代子が夜毎華やかにステージを飾り、酔客とともに夜は更けっていった。

島倉千代子は、阪神タイガーズの藤本選手の為に多額の借金をしていた時期で可憐な歌声の裏で苦労とヤクザの影が感じられた。

店内に急にレーザー光線が飛び交うと、店の入口でお客様がお待ちです、のサインに黒服の支配人達は色めき立った。

ステージの下にテーブル、椅子、ランプ、氷、ウイスキー等が用意され、たちまち客席ができあがり、ホステスさんが着席して、お客様が案内される。この間、目にもとまらぬ早業である。

ある日、粋な二人連れの男性が着席するなり〝俺達金持ってないんだよね〟というので私は〝お金のことは言いっこなしですよ、お客さん〟。そんなやり取りが気に入ったと、数年後、商売を始めた私に、その男性は随分と力を貸してくれた。

「人生意気に感ず」そんな言葉が、ぴったりの夜のススキノならではの「醍醐味」である。

強面の刺青のおにいさん達も多く出入りしていた。

昭和五十九年（一九八四年）頃になると、ススキノの繁華街にも秋風が吹き始めるようになってきた。

先代社長青木繁氏が亡き後、夫人の英子社長を中心に会社は運営され、幹部社員が集められ、売り上げアップのための会議が頻繁に行われるようになり、経営が圧迫されているかのように見えた。

アイデアを出す幹部社員達に、八柳専務からは〝お前達は、いつから安売りのスーパー店員に成り下がったのか〟とカミナリが落ちた。

鬼のような形相にはド迫力があり怖かった。

八柳専務は、訳ありのホステスさん達のありのままの生活を本で紹介し世に出した。

私は四年四ケ月、キャバレー　エンペラーで活きた勉強をし昭和六十一年の春に退職して一年間花屋で修行をした後、昭和六十二年五月八日「花は・はなみち」を開業した。

八柳鐵郎さんの本『薄野まで』で「花屋・はなみち」として登場させて貰ったことが追い風となり随分と経営に勢いがついた。

三年位して八柳専務から電話が入った。直ぐキャバレー　エンペラーに駆けつけた私に〝こんなになってしまった〟と椅子の綻びを見せ〝もう一度以前のようなキャバレー　エンペラーにしたい、先代の坊ちゃん達の財布に何時も新札で五十万円位は入れてあげられるようにしたい〟義理と人情の世界に生きた専務は真剣な表情だった。

専務の熱い思いとは裏腹に時代の波には逆らえずキャバレー　エンペラーの大きな灯りが消え、昭和の良き時代は終わりを告げた。

八柳鐵郎さんの最期は薬物に肉体を蝕まれていた。

余りにも人の世は、栄華盛衰、諸行無常である。

ヒマラヤ山脈越えをするアネハヅルには、過酷な旅に羽が折れ死んでいく鶴もいる中で、やっと気流を見つけ山脈越えをする鶴もいる。

キャバレー　エンペラーは、落ち葉の舞い始めた裏通りで「カスバの女」のメロディーが似合う頃、大きな苦難を越えられず倒産し、跡地には数年後高級ホテルが建ち、めまぐるしく平成の波がやってきた。

三十代後半から四年四ケ月エンペラーで活きた勉強をさせて頂いたことは、

その後の私の人生にとって大きな財産であった。極めることは至難の技だと思うけど、どこまでやれるか挑戦したいと空を見上げながらいつも思ってきた。また、湖のヒメマスが困難を乗り越え大海にでて大きな紅鮭になるように、私も目標を持ち続けて限りなく挑戦して生きていきたいと思う。

そして娑婆の泥水に育てられた蓮の花のように、私も命あるうちに小さな花を咲かせてみたいと密かに望んでいた。

都忘れ

「都忘れ」は、私の一番好きな花である。

この花の名の由来は、鎌倉時代に遡る。

承久の乱で討幕を企てた後鳥羽上皇が北条氏率いる幕府軍に敗北し、皇子である順徳天皇が佐渡に流刑されたおり、黒木御所の庭に人の心に語りかけるようにひっそりと咲いている花を見つけ、都への思いを忘れようと――「いかにして契りおきけむ白菊を都忘れと名づくるも憂《う》し」と詠んだことだとされる。

花言葉は「私を忘れないで」であり、古《いにしえ》の時代から人の心を癒してきた日本を代表する花のひとつである。

無言で人の心に入ってくる花の心意気は憎いばかりである。

私は、高校卒業後、公務員・画商・夜の世界に関わり、世の中の裏表《うらおもて》など様々な場面で人生の色々な山坂を経験し、それを越えてきた。

四十歳になった頃、生涯現役を貫ける商売がないかと兄に相談をした。

六歳上の兄は、「俺は子供の頃からお前を見てきた。どこから見ても商売人ではない。それでも、やりたいのなら、花屋が向いているかもしれない」と言われた。

文学を愛した兄の強い影響を受け、また、兄の生き方を尊敬していた私は、その言葉に納得して花屋になろうと直ぐ決心ができた。

それから一度も迷うことはなかった。


花屋を開店するため、東京以北最大の明道香風園で修行をさせてもらった。

生産者が心を込めて大切に育てた花は、箱詰めにされ半日かけて花市場に届き、セリにかけられ小売店に届く。

花屋で一番大切な仕事は、水揚げである。

花の生命力は凄い。畑で切り取られた花は仮死状態で届く。

一本一本丁寧に不用の葉を取り除き、新聞紙に包み熱湯で十秒位煮て、瞬間爆発させ冷水に放り込む、花たちは吸い取り紙がインクを吸うように、命を蘇らすため貪欲に水を吸いあげていく。

作業が終わると一晩中水につけ活力を与える。

特に真冬の水揚げの作業では、コンクリートの床で大量の水を使い暖をとることができず冷えがゴム長靴を通して、しんしんと身体の芯まで上がってくるのが分かる。

一本の花の美しさを誕生させるため、沢山のゴミと身体の冷えとの闘いである。

そして、元気になった花たちを店頭に美しく並べて、お客様を待つ。

花の一日の「いのち」と人の十年の「いのち」は同じだと教わった。

儚い花たちの命を目の当たりにして、日々を精一杯に生きることが大切だと学んだ。

花屋は、この短い「いのち」を日本の季節おりおりの伝統的な行事を先取りして、お客様に笑顔と安らぎをお届けする。

お正月は松竹梅、真っ白い雪の妖精たちが舞い降りる中、吉野桜が早々に登場し、つばき・さざんか・こでまり・ゆきやなぎ・ねこやなぎ・ぼけ、と枝物たちが華麗に続き、まもなくやってくる最大のイベント母の日には、店内はカーネーションのお花畑になる。

昭和の終わり、日本経済に陰りが見え始めた頃、明道香風園の社長にお願いして東京の花屋を見学した。

日比谷花壇やゴトウ花店では、花たちが優雅な姿でスポットライトを浴びている様子に目をみはった。

赤地に白い文字で「花は、はなやか、Kフローリスト」の看板を見たとき、都会の花屋の余りの鮮やかさに心が躍った。

社長さんからは、このコピーは、無名時代の林真理子の作品であることを教えられセンスの良さにさらに感動した。

村松友視の小説「サイゴン・ティをもう一杯」の中で登場するブラックティという幻の薔薇にも魅せられた。

小説の主人公の職業は花屋で店の名は「はなみち」。強く惹かれるものがあり、開業する花屋の名を「花は・はなみち」と決めた。

花業界は最先端で華やかだけど、徒弟制度で親方は弟子に技を教えない。見て覚えられない者は、花屋になれないと言われ、私は多くの技を黙々と盗んだ。

社長からは、三年修行しないと駄目だとの忠告を受けていたが、計画通り一年後の——昭和六十二年五月八日、花の妖精たちに見守られながら、「感動」という武器をもって四十四歳で札幌山鼻に「花は・はなみち」を開店し、人生の勝負にでた。

翌年、忘れもしない美空ひばりの遺作となる名曲「川の流れのように」が世に出た。間もなく平成になった。

「花は・はなみちのポリシーは、花の生命力に託して生きる情熱を伝えたい」店を開く、運が開く、そんな言葉は知っていたけど、本当にそうだった。

勇気をもって行動すれば人は応援してくれた。

通夜に出した供花は、翌日、出棺と同時に裏口から下げる。

車の中一杯に広がる焼香の匂いに包まれた時、ああ花屋になれたのだと胸に熱いものがこみ上げてきた。


一茎の花は無言で自己主張を繰り返し美しく咲き、散ってゆく、なんと潔いことであろうか。そんな潔さは武士道の精神にも似たアッパレな生き方だと思う。


こんな潔さに魅せられ、花からは一時も離れることは出来なかった。

そんな日々の中、ある社長室を訪ねた私は額縁の中の「商人《あきんど》とは」の言葉に出会いその前で釘づけになった。

「商人とは誰もが踏み込むことが出来なかった未踏の地に足を入れることである。ましてや女、子供の通れる道ではない。それは、獣《けもの》みち」

頭の中で一匹の狼の遠吠えを聞いた気がした。

そしてバブル経済がガタガタと音をたてて崩壊していった。

「花は・はなみち」の経営は厳冬の大雪山から素足《はだし》で駆け下りるような厳しい毎日の連続であったが、寒さを感じる余裕はなく、いつも山に生きる獣達が私の背中を押してくれているようで必死に駆け抜け、やっと灯りの見える麓までたどり着けたような気がした。

世の中は、歌舞伎の回り舞台のように今までの常識や非常識がガラリと変わった。

セリ台から奈落の底に、自ら落ちていく人も沢山見てきた。

五十代半ばの私は、迸《ほとばし》る情熱と使命感に燃え、どんなハードルも越えられる判断力と馬力があったような気がする。

バブルが弾けても、暫くは人間のエネルギーが花たちよりも勝っていたと思う。

今は、どうであろうか、バイオテクノロジーの技術で花たちの進化は目をみはるばかりで完全に主導権を握られ逆転されてしまった。

花たちと感動の共有をしてきた私は、多くの事を学ばせてもらった。

ここで花たちに負けてはいられない。

私の人生は、私が一歳半で死別した父との同行二人遍路の旅だ。志し半ばにして太平洋戦争で戦死した父の無念を思うとき「生きる」ことに起こる全ての事象を「美しい」と捉えることができた。

その父のお陰で何事においても強運であり、いつも明るく素直でいられた。また、「櫂」や「寒椿」などで有名な小説家の宮尾登美子さんは戦時中、学生結婚し、夫は戦地に赴き自分は婚家で栄養も取れず肩身の狭い中、胸を患いながら小説を書くことで希望を見出し、病を治した。

その感動的な生き方が三十年来忘れられず、いつかは私も「文学」を、との思いが心の内で育っていたのだと思う。

数えきれない程の人の恩に感謝しつつ花の妖精達と一緒に生きてこられた私の人生も集大成の時期に入った。――黒子に徹する時がきた。

今、平成生まれの若く熱いエネルギーが、どんどんと世の中に出てきて、新しい社会を創造し未来を切り開いていく。

そんな若者達を応援し、私も応援されたいと思う。

それなら「都忘れ」のように、ひっそりとでも人の心に語り掛けるような名脇役を演じてみたいと欲が出てきた。

希望と目標が明確なら人は最後まで自分の意志で生きていける。

いまこそ、想像の翼を広げ自由に大空を飛び立ちたいと思う。

そして、命を紡ぐバトンに情熱という素晴らしい日本語を添えて次世代に渡す。


真の自由人を目指して、長い旅はここから始まる。

テルメインターナショナルホテル

花屋を開業して四年程経った頃、札幌北区茨戸で大きなホテルの工事が進んでいた。ホテルでブライダルの仕事をしたいとの強い思いがあったので業界誌ナンバー1の営業マン木村氏に気持ちを伝えた。

木村氏からは「大丈夫ですよ、入れますよ」との返事が返ってきて、私は興奮した。

木村氏の紹介で有名な経営者N氏とお会いすることができ、大きな声で闊達な社長のお姿に感動した。

ホテルに関して本題に入った。

権利金は「一千五百万円です」と説明を受けた私が笑っていると、「まさかタダで入れるとは思っていないよね」と言われたので、私は「二番手、三番手で良いのです。」とお願いすると、社長は「そんなことを言わないで一社で入りなさい。」と言葉が続いた。

他の花屋は権利金が五千万円でも入りたいとの話も聞いていたので私には好条件だった。

そんな大金を用意できるはずもなく落胆していた私は玄米酵素の岩崎社長を訪ね相談をさせてもらった。

「こんな汚い首でも良かったら使って下さい」と親身に私の話を聞いてくれた。

ホテルに入れる話が纏まりお金も用意できることになった。

岩崎社長の鶴の一声で全てのことが纏まった。

ホテルには花屋日本一を誇る日比谷花壇か東京以北最大の明道香風園が入るのではないかと噂されていたので、花は・はなみちが入館することになったと聞いた花屋達の間では、

「一体どこの花屋だ」、「そんなの知らんな」と話題になったそうだ。

「花は・はなみち」は、平成五年（一九九三年）一瞬で業界に躍り出た。オープニングのパーティー会場の元卓の花は日本一のフラワーデザイナー喜和先生にお願いした。

三メートル程ある日本の竹を使ってのデザインは素晴らしいもので、いよいよホテルでの花屋の仕事が始まった。

結婚式の午前中の花を用意するためには夜中から準備をする必要があり、私はハアハアと肩で息をしながら花を作った。

花部屋で仮眠をとる私を妖精たちがいつも見守ってくれた。

平成九年北海道拓殖銀行がまさかの倒産をして、翌年、テルメインターナショナルも三月十五日倒産した。

世の中の流行に乗らなかった私も、その時はすっかり流れに乗ってしまった。

自己破産の申請のため、裁判所に多くの人達が列をなした時代、世の事情はどんどん変わり、「花は・はなみち」も苦しい経営に見舞われた。ある経営者からは、「ここで会社を潰しても、誰も貴方を責めませんよ、それも一つの選択です。」と話してくれたが、私は「それはありません」とキッパリと答えた。

大見得を切った私を待っていたのは、獣みち。
経営の本当の意味を知って私は丹田に気を入れた。

永遠のミューズ・ミホ

明治二十一年（一八八八年）北海道庁長官になった永山武四郎は、明治五年（一八七二年）九月、北海道開拓使として、初めて札幌に赴任した。

その翌年、明治六年（一八七三年）には、屯田兵制度が制定され、藻岩山の麓の山鼻に兵村を設置した。

明治八年（一八七五年）五月、兵屋が竣工すると、東北の青森、秋田、鶴岡、宮城、岩手の諸藩を主体とした二百四十戸、兵士と家族を含め一万千十四人が移住し、一大村落が形成された。

以来、鬱蒼とした原始林と多くの野獣の遠吠が聞こえる中厳しい生活を家族とともに生き、北鎮の防人として山鼻地区の過酷で困難な開拓を担った。

これが札幌発展の原点である。

藻岩山は、古来アイヌ民族から尊い神の山として崇められている。

また、その姿は、当時と変わらない藻岩原生林に覆われている。

山鼻に、まだ小雪舞い散る三月の初め、まるで雪の妖精たちに祝福されているように、白い館のケーキ屋さんがオープンした。その名前は「奏春楼」、オーナーのセンスの良さが、この「楼」に染み出ていると思った。

好奇心の強い私は、その扉を開けた。

一番星のようにキラキラ輝く瞳の素敵な店員さんは、妖精が微笑んでいるかのように見えドキドキしながら藻岩山が見える窓側の席で小さなケーキと珈琲を楽しんだ。

店の装飾はパリのオープンカフェと錯覚するほどシンプルで気品があり、ショーケースの中で沢山のお洒落で表情豊かなケーキが私に微笑んでいるように見えた。

そのカフェに少し馴染めた頃、チャーミングな店員さんに名前と誕生日を聞いた。

名前はミホさん、そして誕生日は十一月二日、私は誕生花をお気に入りの本で調べた。

誕生花はルピナス、花占いは「聖母マリアのように」、「えこひいきすることなく」、「誰にも優しくできる人」花言葉は母性愛だった。

私は店員さんの魅力的な振る舞いが誕生花に一致していることに驚き、また、また、あの世界的に有名な女性、マリー・アントワネットと同じ誕生日であることに驚き、また、微笑ましく思った。


世界の人々のミューズで映画「ローマの休日」で有名なオードリー・ヘップバーンは、「この世界で一番素敵なことは、笑うことだと本気で思います」と名言集の中で言っている。

一人の女性の笑顔は、私に穏やかな心、そして癒しを与えてくれた。

セーヌ川の水の香りが、私の乾燥した感性に優しさが染み入るようで嬉しかった。

想像力の豊かな私をパリかローマへと旅をさせてくれた。

想像することは、なんて素晴らしいことなんでしょう。

ふらっと入ったお店の店員さんの笑顔のお陰で、私は感動と優しさを頂いた。

先人たちが困難と苦悩の中に築いた山鼻地区では、イキイキとした笑顔の若人達によって新しい歴史が作られていくのだと期待している。

胸がキュンとする瑞々しい感性と笑顔の人達との出会いを求め、今日も闊歩する。

ミホさんが永遠のミューズでありますように。

赤の時代

軍神T総監

札幌の中央区に、どっしりと構える藻岩山は原生林に覆われ四季を通して市民に愛され、それは札幌の宝物だ。

昭和六十二年春、その麓にある山鼻の素晴らしい環境の中「花は・はなみち」は開業した。この地は札幌市の発展に多大な貢献をした。

数百メートル離れた所に陸上自衛隊札幌駐屯地があり、その中央に国旗が掲揚され凛とした建物が北部方面総監部である。

開店まもない頃、総監部庶務班長の相馬氏が来店され柔らかな表情で「お花を活けてくれますか」と依頼された。私は喜んで承諾した。

それから約三十年間、毎週月曜日の午前六時に札幌駐屯地が開門するのを待つのが私の決まり事であった。六時、自衛官の敬礼に迎えられ、ゴミ一つない荘厳な空気の中に入り、庶務班長に挨拶をして奥の総監の部屋に花を活ける。

平成二十二年（二〇一〇年）春、駐屯地内の雰囲気が変わった気がした。約二年毎に総監が代わると空気も変わる。

当時の陸上自衛隊のスローガンは「ひらかれた自衛隊」であった。

私は恐れ多くも時の軍神T総監にお目にかかりたいと強い思いを申し出た。実現する日がやってきた。

その日、応接室に通され緊張しながら総監をお待ちした。

間もなく、音もなく私の前に現れた総監は映画の中に登場する皇帝の様に威厳に満ち溢れていた。

少し離れて総務部長が座られ、お時間は二十分ですと伝えられた。

アメリカのコロンビア生産の真っ赤な薔薇を和紙に包み贈り物にした。

この薔薇は「侍」と申しますと説明する私に総監は「花は海外から輸入しても名前は日本名でつけるようですね」と尋ねられた。

真紅のワインのような赤い薔薇だ。

総監は「仕事でも家庭でも一番大切なのは掃除です」また「それでないと人の心に感動を与えない」と教えてくださった。

二十分は瞬く間に過ぎ、総監部を後にした。なんとも清々しい気分だった。

その日、お世話になっている社長さんご尊父のご供花の依頼を受け、仕事場は足の踏み場もない程に生花のゴミで一杯だった。私は急ぎで帰り大掃除をした。

薔薇の妖精あけみさん

札幌のシンボル藻岩山の麓に北海道循環器病院がある。

「花は・はなみち」開業早々、一人の物静かな女性が微笑みを浮かべながら店のドアをあけた。

女性の「病院に花を生けて頂けますか」という突然の申し出に私は戸惑いながらも喜んで承諾した。

女性は「あけみさん」と仰《おっしゃ》って北海道循環器病院の理事長の令夫人だった。

理事長の大堀氏は心臓外科の名医である。昭和五十年代、札幌医科大学での教授回診の時は、映画の白い巨塔を彷彿させるものだったと聞いている。

病院の活けこみの始まる前に大堀理事長と打ち合わせをさせて頂いた。

花屋はホテルなどでの華やかさと目立つことが重要だと思っていた私は、そのあたりを提案した。

理事長は心臓を患っている患者さん達に癒して頂くために派手さは求めない。清楚な花で、枯れた花を飾らないようにお願いしたいと静かに説明を受けた。

花に対する自分の考え方の浅はかさを知って私は恥ずかしかった。

病院の壁面には大自然をテーマにした作品が飾られていて、山の静けさや海の波の音で人の心に静かに優しく語りかけているようだった。

私は毎週月曜日の午前四時半に裏口から花を抱えて病院に入り、一階から四階まで花を活けた。

ある朝、看護師さんから「花屋さんの姿を見たことがなかったので、「一体いつ花を活けているのかしらと仲間と話していたのよ」と声を掛けられた。

私はその看護師さんの笑顔にふれてとても嬉しかった。

時は流れ、当時まだ幼かった五人のお子さん達もご立派に成人され、二人のご子息は各々ドイツとアメリカに留学され病院で医師として勤務をしている。

あけみさんはいつもご家族の健康に気を配られ、心を込めて料理に勤しむ姿はとても美しい。

家族の皆さんの肌は瑞々しく輝いている。また、ご夫婦の仲の良さは周りの人達までをも幸せにしていく。

あけみさんはピンクの薔薇の妖精のような女性だ。

花言葉は「感謝、しとやか、上品、感銘」あけみさんと逢うと、いつも幸せな気分になった。

未来永劫、大堀家がご発展なさいますように、心臓を患う人々の希望の大きな星として燦然と光り輝きますように。

三十数年前に、「花は・はなみち」のドアを開けてくださった女神あけみ様に心からのお礼を申し上げます。

山吹

「美しく老いるは、人生最大難事」

日々漠然と生きていた私がこの衝撃的な言葉に出会ったのは還暦を迎えた頃だった。

手のひらからどんどんこぼれ落ちる感性を少しでも止めなくてはと、常に思いを巡らせていた時期。

人は誰でも老いていく。多くの人達との出会の中で食を楽しみ、穏やかな心と好奇心を持ち日々溌剌《はつらつ》と生きることが大切なのではと気付かされ、新しい自分と出会いたくて旅に出る計画をたてた。

二十歳の頃、旧国鉄の山岳部の人達と土曜、日曜には北海道の山々を幾つも楽しみながら、いつかは北アルプスに登りたいとの憧れを大切に温めていた私は、コロナ禍ではあったが、ゴールデンウイークを利用して北アルプス上高地を目指した。

空を見上げると、お天道様も応援してくれているようで、その日は童心にかえりワクワクした。

札幌駅から新千歳空港行きの快速電車に乗り、弾むように全日空の飛行機に乗った。

羽田空港にお昼ごろ到着し、まず信州蕎麦を食べモノレールと電車を乗り継ぎ新宿駅に着いた。

人混みに興奮しながらホームで懐かしい狩人の「あずさ2号」を口遊《くちずさ》んでいると札幌の三浦豊子さんから電話が入った。「これから信州に行くの」と燥《はしゃ》ぐ私に「コロナ大丈夫なの」と心配そうな声が聞こえてきたけど、直ぐにいつもの優しい声で「気を付けてね」と言葉をかえしてくれた。

大自然の中で過ごすことが多かった私は人間関係で悩むことは殆どなく人生の岐路に立たされた時は豊子さんにアドバイスを頂き有り難く、いつからか師匠と慕っていた。

特急あずさ2号は長野県松本市に向かって走り出し、山の手線を右に見ながら大きなカーブを描きグングンと加速して、あっという間に武田信玄公の山梨県に入った。

雄大な山々に包まれながら走る電車の中で、若い頃友人に「あなたには、アクセサリーは似合わない、髭がピッタリだ」と言われたことを思い出し苦笑いをしていた。

私の良き理解者だった友人にとっては、男社会でも大丈夫だよとの、応援の言葉だったのだろうか。

山梨の山々に吸い込まれそうになりながら電車の揺れに身を委ねていると想像の世界に吸い込まれていった。

風林火山の旗が山の彼方で強い風に靡《なび》き、何百頭もの馬の蹄の音とともに「エイエイオー」と勝鬨《かちどき》の声が聞こえ、ほうとう鍋をつつきながら酒を酌み交わす信玄公と豪快な家来達の間に何故か私の姿も紛れ込んでいた。

電車の中まで信州味噌の美味しそうな香りが漂い鼻をくすぐられて目が覚め

た。夢を見ながら私はすっかり眠っていたようだ。

また、遠くに山々を眺めながら、ゆったりとした時の流れの中で、昔、甲府に旅したことを懐かしく思い出しているうちに、いつのまにか松本市に着いた。

静かな佇まいの城下町は高い建物もなく、春の雲と松本城は水面に映り、凛として美しく歴史を感じさせてくれた。

翌朝、若く親切な松本駅の女性駅員に教えられた通りＪＲ新島々駅で降り、バスに乗り上高地を目指した。

間もなく落葉低木の山吹が三分咲きの美しい黄色の花をつけて私を迎えてくれた。大自然の中で風にそよぐ山吹は、こんなにも、美しかったのかと感動した。

活け花の世界では、山吹の水揚げは難しく、この美しさを表現するには、相当の年数と技が必要で、しなやかな枝は緑に覆われ、可憐な黄色い花はしたたかで全体を纏めるのが難しい。

山吹は、枕草子にも登場する日本古来の花で、花言葉は「待ち焦がれる」である。

「七重八重　花は咲けども山吹の実ひとつだに　なきぞ悲しき」は、兼明親王（九一四年～九八七年）の作品で後拾遺和歌集に山吹は収載されている。

茶々が信繁の大阪城入城を待ち焦がれる心を詠ったものにも登場する山吹は、恋は実らないという花言葉を持つ。

長野県の松本では庭に山吹を植えないのが慣わしのようだ。

山吹を眼下に見ながらバスは山道を登り始め梓川の清流と新緑の世界に誘われ余りの清々しい気分に浸っていると、おくるみに包まれた赤子の声が微かに聞こえてくるようで何とも幸せな時間の中をまどろんでいた。

目が覚めるとガイダンスは映画「あゝ野麦峠」の話であった。前方の標識を見ると左へは飛騨で右は上高地だった。

上高地に向かって山道を登り、多くの登山者が大正池から上高地までの遊歩道を歩くため、殆どの乗客が終点の手前でバスを降り、憧れの終点上高地に着いた時は乗客もまばらで、凍りつくような寒さの中、自然の力に驚かされた。

先ほどの登山者達はこの厳しい自然の中でどんな山に挑戦しようとしているのかと憧憬と尊敬の念を懐いた。

軽装の私には余りに寒く自分の無計画さに苦笑いし、帰りのバスに早々と乗り込んだ。

バスは発車し、やがて右方向に飛騨高山への道標が見えてきて映画「あゝ野麦峠」の映像が鮮明に蘇ってきた。

明治中期から政府は、富国強兵策の中、長野県に中小製糸工場を作り、近隣の幼い女工達を奉公させ朝から夜遅くまで低賃金の過酷な長時間労働を強いた。

映画では、女工達は吹雪の中、綿入れの木綿の着物を纏い藁の長靴を履き、標高千七百メートルの野麦峠を越え飛騨から岡谷まで三泊四日をかけ工場に配置され繭から糸を取る作業に従事し、凍える指先に何度も息を吹きかけ機械に向かった。

過酷な労働の中で、身体をこわしたり妊娠する女工達もいた。

主人公のみねも、ついに結核を患った。

病気になった女工は、十分な治療すら受けられず、用無しとなり、実家に帰るしかなく、みねも兄が迎えにきた。

兄ちゃんの背負子に乗り、途中の野麦峠の茶屋で休んでいた時「あゝ飛騨だ」

とみねは微かに呟いた。兄ちゃんは「もういいな」と言って、また、歩き出した。懸命に生きぬいたみねは間もなく兄ちゃんの背で息をひきとった。

家路を急ぐ二人は風に靡く美しい山吹と何処ですれ違ったのだろうか。

日本経済の礎となった女工達の尊い命を忘れてはいけない。

愛する家族の為に一生懸命に生きたみねを「日本の未来のために一生懸命に生きて素晴らしい人生でしたよ」と私は心の中でしっかり抱しめた。

人はたった一つの自分という花を咲かせようと宇宙の営みの中で懸命に生き年輪を刻んでいる。

山吹が八分咲きになる頃また上高地に戻ってきたいと思いながら、大自然と人の温もりの中で旅は終わった。

おマキちゃんはハンサムウーマン

令和六年（二〇二四年）四月桜が咲き始め新芽が膨らみ始めた頃、深川駅に降り立った。小学三年生の時、中耳炎に罹り妹背牛の伯母と母と私は市立病院に行った。

この時に生まれて初めて食べた鍋焼きうどんの美味しかったことが忘れられず七十年経った今、記憶を辿っての小さな旅だ。

昔の活気溢れる街はすっかり寂しく人影もまばらで時の移ろいに驚いてしまった。

駅前の可愛いホシの看板のカフェに入ると暖かい人柄のママさんと若さがはちきれそうなウエートレスさんがお客さんをもてなしていた。

ママに鍋焼きうどんの話をすると、この辺りにうどん屋さんはないので私の味で良かったらお作りしましょうかと言ってくれた。

五月初めだというのに外は寒く冷えた身体と心にその温かい言葉は響いた。

百年以上もの長い間、暖簾を守り続け全国にもファンが多い、深川名物の銘菓ウロコダンゴをいつも励ましてくれる札幌の従妹の〈まあちゃん〉にゆうパックで送った。

七十年前に鍋焼きうどんをご馳走してくれた大好きな伯母の次女である。

江戸幕府の第八代将軍徳川吉宗の時代、長州では武士しか入れない藩校明倫館が創設され、吉田松陰が塾頭を務め高杉晋作、桂小五郎、久坂玄瑞、伊藤博文らが学び、幕末に活躍し明治維新に大きく貢献した。そんな長州で明治三年（一八七〇年）に祖父町田寅吉は誕生した。

志士たちに強い影響を受けた祖父は明治十年、大志を抱き故郷を後にして蝦夷地を目指した。

石狩平野の最北部にある山に囲まれた深川で熊やぶよ達と闘いながらも祖母

クニと巡り合い四男三女をもうけ味噌、醤油を醸造し、菜種油を絞り、畳製造なども手広く手掛けて立派な商人に成長していった。

しかし、人の好い祖父は他人の借金の保証人になり生活は困窮し、最後は商品の菜種油から出火して没落した。


母マキは明治四十三年深川で誕生した。その年は新劇女優の杉村春子が誕生し夏目漱石の坊ちゃんが世に出た年でもある。

七人兄弟の六番目として生まれた母は〈おマキちゃん〉と呼ばれ可愛がられていた。

成長した母は、昭和の初め東京戸越で畳業を営んでいた長兄を頼って目黒の洋裁学校に入学した。

洋裁で身をたてるという夢を持って東京へ一人でいった母の行動力は凄いものだと感心する。

その後、大阪で服飾デザイナーの父小林槌三郎と結婚して一男二女の母となった。

当時は仕事が面白く生活にも余裕があり宝塚歌劇団の話をする母はイキイキとしていた。

昭和十六年（一九四一年）真珠湾攻撃から始まった太平洋戦争も昭和十九年には戦況も激しさを増し父は南方に出征した。大阪には米軍機が編隊をなし度重なる空襲で食糧事情も悪くなり、三人は北海道雨竜郡一已村の祖母のもとに身を寄せた。

間もなく父の戦病死の知らせを受けた時、母は、誰もが逃れることのできなかった辛い時代に二人の子供を抱え、どれほど不安な気持ちだったことか。

昭和二十年、戦後すぐ引揚者でごった返す満員列車に揺られ岡山県児島に行き父の葬儀に参列した。その後、一已村に戻り、間もなく隣町の妹背牛の伯母を頼って移り住んだ。

近所で見ることもなかった蓄音機、レコード、バイオリンなどが所狭しと置かれた狭い部屋で生活が始まった。

兄は妹背牛中学、私は妹背牛小学校に入学した頃、岡山の役場から手紙が届いた。

「山が売れたので送金します。大変でしょうが子供たちの将来を楽しみに頑張ってください」と毛筆で力強く書かれた温かみのある手紙を私は、母に内緒でこっそり読んだ。

朝、目を覚ますと母はいつも朝から晩まで背中を丸めてミシンを踏んでいた。学校から帰ってきた兄は洋服のボタン付けなどを手伝い、母は兄を心の支えにし、また優しい兄はそれに応えていた。

母は残ったハギレで素敵な洋服を作ってくれたけど昭和二十四年（一九四九年）頃の妹背牛では目立ちすぎて恥ずかしかった。

風呂敷包みを持った母と手をつないで出かける時は、いつも帰りにはお菓子を買ってくれて嬉しかったけど家の中の大切なものが少しずつ無くなっていった。

プライドの高い母は母子家庭で世間から差別されるのを凄く嫌って、食事時に親戚の家に行った時は酷く叱られ恥ずかしい思いをした。「武士は食わねど高楊枝」、そんな武士道を小学生の時教わった。

「大きくなったら上野の音楽学校に行って音楽の先生になりなさい」と母か

ら何度も聞かされていたので、上野の音楽学校がどんな学校かも知らずに、私はそうするものなのだと思い込んでいた。

小学四年になった頃、いつも無口な母が静かに語りかけてきた。「お前には物心ついた頃にはお父さんがいなくて貧しい思いをさせてきたけどお父さんの実家には家系図もあり先祖は岡山藩の力持ちで平家にも繋がっていて立派な家柄だった。だから自信を持ちなさい。人生で一番大切なのはお金ではなく精神的なものだと思う」この言葉は母が自分自身に言い聞かせているようで、黙って聞いていた。

お金では相当苦労しているにもかかわらず精神的に強く生きてきた母をいつも見ていたので子供心にも強く響いた。

小学六年の秋、洋裁だけでは子供の教育はできないと北海道開発局で寮母になる為、函館本線の奈井江町に引っ越しをした。

楽しかった妹背牛に比べ奈井江の学校は、片親というだけで生まれて初めて虐めにあい居心地の良い場所ではなかった。

新しい環境に馴染めず寝るのが一番の楽しみだった私は「あぁ一番嬉しい時

間だ」と布団にもぐりこんだ時、傍にいた母の表情からは、あきれた、情けないと言葉が飛んできそうだったけど気が付かないふりをして寝た。

母はまるで弓道家のようで、言葉は的をめがけて放たれた矢のように見事に私の心に命中した。中学生になった頃から母に反抗するようになり、札幌の大学から帰ってきた兄に母は愚痴をこぼしていた。

反抗期なんだから仕方がないだろうと兄は庇ってくれたが、母は長すぎると不満をぶつけていた。

私が高校生の頃、兄から母に手紙が届いた。

母はそれを持って奥の部屋に入り、少しすると声を殺しながらもせきを切ったように泣いていた。母が泣くのを初めて聞いたので驚いた。暫くして母は何事もなかったかのように部屋から出てきて、私の前を通り仕事に戻った。その後に兄からの手紙を私はこっそりと読んだ。そこには兄の夢のようなことが書かれていて、それは母が長年思い描いていた息子に期待をかける設計図とは真逆のものだった。

兄と私は二人して親不孝をした。

元気だった母も九十歳になり身体も弱り、それでも兄と二人暮らしの洗濯を自分でして丁寧に干し、私がその下を通ろうとすると「汚い手で触らないで」とピシッと叱られた。

その後、母は転んで大腿骨を折り、治療のためのリハビリでは顔を歪めて苦しそうで可哀そうだった。

すっかり身体の弱くなった母は私達のことを考えていてくれたのか、「お前もなかなか生活が楽にならないね、自分だけでも幸せになって」と静かに言われた。

私は「自分だけ幸せになりたいなんて思ったこともないよ。みんな一緒だよ」と言うと母は黙って聞いていた。

九十五歳になった母は「首が痛い、足が痛い」「もう駄目だ、早く死にたい」と弱音を吐くようになった。

痛い身体を摩《さす》りながら「どうしてこんな身体になってしまったのだろう」と寂しそうに呟いている母に、それは二人しかいない子供が親不孝だったからと私は直ぐ分かったけれど、そのことを口に出さず黙っていた。

母は独り言のように「お前は愛情が足りない」と呟いた。それは、私が四十年前に子供を手放し離婚した時から胸に抑えていた感情を表した言葉だった。

私は「じゃあ挨拶しとくね」と言って、しょんぼりしている母の前に立った。「私を生んで育ててくれて有難うございました。お父さんとお母さんの子供で本当に良かったです」と伝えた。

斜め下を向いて静かに母は「今まで生きてきて一番嬉しい言葉だった」とはっきりした口調で言ってくれた。

それを聞いて、相談する夫もなく唯々がむしゃらに生きてきた母の底知れぬ孤独を知った。そんなことに気づくのに母は九十五歳、私は六十五歳にもなっていた。

優しい娘でなかったと思い知らされたが後の祭りだ。

それから一〇一歳で亡くなるまで「死にたい」と一言も口にすることはなかった。

車椅子に乗り兄に介護されていた母の顔は穏やかで幸せに見えた。

母は入退院を繰り返す日々を続けた。兄は医者に呼ばれ「肺が水浸しになっています。延命治療を続けますか」と言われたので「もういいです」と答えたと私に伝えた時、声を詰まらせていた。母との別れを一番悲しんでいた兄が最後の決断をした時だ。母は暗い病室で一人で息を引き取った。

「兄ちゃんにボタン付けなどさせないで、もっと勉強をさせていたら希望の大学にも入れたのに」と言っていた母の言葉を思い出していた。

明治、大正、昭和、平成と激動の人生を沈黙を貫き強く生きて一〇一歳の人生の幕を閉じた。

通夜に孫の桂は母に添い寝をしながら「おばあちゃん、最後は寝込みたくないといつも言っていたけど有言実行だったね」と母に静かに語り掛けていた。

桂は本当に優しく立派だ。

人生の先輩として母を尊敬し誇りに思う。

背中でいつも生きるということを私に問いかけてくれた母の教えを大切に生きていきたいものだ。

おマキちゃんの魂の炎を消さないで生き続けたいと思っている。

ブルー&
バイオレットの時代

兄ちゃんの愛

昭和十一年（一九三六年）は日本動乱の年。二月に陸軍皇道派の青年将校が一四八三名の下士官、兵を率い明治維新に継ぐ、天皇を中心とする「一君万民」復活の為「昭和維新」と称し「君側の奸」である政府要人を襲ったクーデータ未遂事件、二・二六事件が起きた。

その五ケ月後、小林槌三郎、マキの長男として兄は大阪市旭区森小路で誕生した。太平洋戦争が激しくなる昭和十八年頃まで私を含め家族は幸せだった。大阪の小学校に入った兄は詰襟に半ズボンで、革靴を履き帽子をかぶった写真は可愛らしく大好きだった。

昭和十九年父は戦地南方に出征した。この頃、空襲が益々激しくなる大阪で防空壕に急ぐ時も、いつも兄は母と私を守ってくれた。

その後、父が戦死して北海道深川市一已村で三人の生活が始まった。

三歳の私をおんぶして畦道を歩いていた兄は誤って私を小川に落としてしまったらしく、水の中でパッチリと目をあけていたお前の顔が忘れられないと、大人になってからも語っていた。

妹背牛中学校三年の兄は文化祭で菊池寛の戯曲「父帰る」のお父さんを演じた。着物をだらしなく着た兄が家族に語りかける最後のシーンにシューマン作曲の「子供の情景　トロイメライ」が流れ、生まれて初めて聴くクラシック音楽が心に残った。

文化祭から帰ってくると母は外で七輪に炭をおこし丸い網をのせ団扇でパタパタとあおぎながら中腰になって魚を焼いていた。赤い炭と煙の中で丸々と太り脂ののった秋刀魚は焦げ目をつけて美味しそうに焼きあがった。

夕飯は一匹の秋刀魚を分け合って食べた。母の口にも少しは入ったのだろうか。兄はその後も良い音楽を聴けと勧めてくれ、チャイコフスキーの白鳥の湖は映画にも連れてってくれ、バレリーナの美しい姿に感動した。

兄は北海道深川西高等学校に進学した。

この学校の「あゆみの会」は素晴らしいクラブ活動の場であったが、新聞に誤った報道がされ、純粋な高校生が抗議の自殺をした。その事件は全国に知らされた。

令和六年の今も虐め等で命を落とす若い人達が後を絶たない。


私が高校受験を直ぐに控えていた十五歳の時、家庭教師をしていた大学生の兄は「ここは必ず試験に出るから丸暗記しておけ」と言われ、その通りにしたお陰で高校に合格できた。

兄は同人誌のサークル活動に情熱を燃やし小説を数多く書いた。同じ会ではマドンナと言われた女性と後に結婚して一男二女をもうけ、家族をこよなく愛した。

家族を思う気持ちと自分の内に秘めた誰にも止められない情熱が上手く嚙みあわない中、長男〈長一郎〉と次女〈ひのき〉を幼い頃に亡くした。

真面目で優しい兄は随分と苦しんでいたようだ。

小説家になりたいと思いつつ悶々として押し潰されるような歳月の中で最愛の妻も亡くした。

その時の気持ちを心にしまい誰にも言わなかった分、一人で泣いていたのだと思う。

兄はそんな人だ。

誰よりも家族を愛し、それを行動で表すことが下手で不器用な人だった。


絵描きになりたい、小説家になりたいと思いながら才能を発揮できずに悶々としている人達と私は関わることが多かった。

私は絵も描けないし小説も書けない、しかし、そんな人の気持ちを理解することはできると思い、その人達の美しい所を見る目を養ってきた。

夢を叶えるにはお金が必要、だから、お金を稼げる自分になりたいと四十四歳の時、兄と一緒に花屋を開業した。花屋の経営をするためには、体力が必須条件、他に仕入、納品、売り上げ、人間関係の問題と山積みで経営も思うようにいかず、私はキリキリしていた。

そんな私を見て兄は「愛情が足りなかったのかなぁ」と私の夫に言っていたようだ。

また「妹は、男心は知っているんだよ」と言っていたと夫は付け加えてくれた。

男心は女には分からない。でも男の吐く言葉は男心なんだと分かっていたので、男の人の言葉は大切に聞いてきた。

親には相談できないことを兄は分かってくれていて、私を庇ってくれた。

兄妹とは良いものだ。

母は九十五歳位で寝込むことが多くなった。「お袋の姿を良く見ておけ、どうにも、してやることができないんだよ」兄は苦しそうに私に伝えた。

その兄の言葉を母は黙って聞いていたが、嬉しかったんだと思う。

兄は今迄の親不孝を懺悔するかのように献身的に母を看病した。

兄は八十歳の時、前立腺癌になり、最愛の娘は傍《はた》から見ていても感心する程、献身的な愛情を父親に注いだ。

兄は病気になってから昔話を懐かしそうにするようになった。俺達が子供の頃、お袋は夜中に起きて水を飲んでいた。自分は何も食べずにいつもお腹がすいていたのだと、母のことを語っていた。

兄と娘は旅にもよく出かけ、その旅の写真は両親の写真と一緒に私の部屋に飾ってある。

兄はどれだけ、これからも生きて自分を表現したかったことか、でも望みがかなわず八十五歳で波乱万丈の人生の幕を閉じた。

母に次いで兄も一人で旅だった。兄は挫折を重ねる程に人間としての深みと優しさを増していった。

通夜の席で町内会の善良そうな男性がさめざめと泣いてくれた。その様子を見て南区藤野の温かい人柄の中で晩年を過ごせたことに私は安堵した。

はからずもの人生を生き抜いた兄は魂の叫びを胸の奥にしまったままお星さまになってしまった。

七月誕生の兄は蟹座となり大空にいつも輝いている。
今、私が素直な気持ちを忘れず幸せに生きていられるのは兄からの教えの賜物だ。
兄とはお互い良き理解者だった。
兄ちゃんいっぱいありがとう、感謝しています。

極　きわめる　辰巳尚子

北海道の中央、函館本線の旭川にほど近い所に米どころとして裕福な街、妹背牛町がある。

高橋尚子ちゃんは昭和十七年、父高橋清太郎、母栄の二男三女の次女として誕生した。

電話番号は一番、お父様はお米を農協から集め政府に渡す集荷業者で倉庫にはいつもお米が山積みにされ、小学生の私達はここを格好の遊び場として、よくかくれんぼをした。「もういいかい」「まあだだよ」と米俵の中に隠れるけど直ぐに見つかり「キャッキャッ」と声を出して笑いあった。

お父様はいつも優しく声を掛けてくれた。お母様はよく透る声で尚ちゃん、尚ちゃんと、家族の中心にいてお家の中は明るかった。

おばあちゃまは小柄でいつも静かに笑っていて私は大好きだった。

妹背牛小学校では高谷稔先生が教鞭をとられ授業中勉強をしない子をめがけて短くなったチョークを投げ、それがオデコに見事に命中した。

私も廊下に立たされたことがある。

いつも高谷先生はポマードで髪を整え、長靴《ちょうか》を履いていた。真っ赤な炎を胸に秘め真剣に子供達を叱り、そして愛してくれた。

高谷先生は女の子には字が上手になることを勧めてくれ、尚子ちゃんは小学三年生から習字を勉強して中学、高校と習い続けた。高谷先生いわく「人の幸せは一生を貫く仕事を持つことだ。」


相模女子大学短大に進学した尚子ちゃんは文学博士の石橋犀水先生と運命の出会いをして、尚子ちゃんは先生の教えを守り通した。

その後、ご子息の石橋鯉城先生に師事して、素晴らしい指導を受け、文部大臣賞を二回と他の賞を併せて五回も受賞をしている。

尚子ちゃんは二十五歳の時、五歳上の辰巳稔さんと結婚をした。

令和四年（二〇二二年）春、町田市の尚子ちゃんのご自宅を訪ね、結婚後の生活を聞いた。

結婚したばかりの頃、ご主人が鯖の味噌煮が好物と知り魚屋さんに「鯖の味噌煮を下さい」と言うと「奥さん、それはご自分で作るのですよ」と教えられたと、楽しそうに笑顔で話してくれ、それにつられ私はほほえましく思った。

お姑さんをいつも大切にして周りからは本当の親子だと思われ続けたらしい。

尚子ちゃんは、朝子ちゃん、陽子ちゃんと二人の女の子に恵まれ愛一杯の家庭を築き、愛娘たちは、幸せな結婚生活をしている。

ある日ご主人の稔さんから会社を辞めてきたからと告げられ、「ハイ分かりました」と答えたけど辞めたらお給料が入らないのだと後から気づいた。と楽しそうに語る尚子ちゃんはなんと愛すべき大和撫子だと感心させられ、私までつられて楽しくなった。

春だというのに町田市の自宅の庭にはまだ南天と千両が咲いていた。

南天の花言葉は「私の愛は増すばかり」「良い家庭」「福をなす」この南天は辰巳家にピッタリのお花だ。

令和五年一月、日帰りで上野の美術館で展覧会を観てきた。尚子ちゃんの恩師石橋鯉城先生の作品の前で釘付けになり暫くそこを離れることができなかった。竹が描かれ幽玄の世界に導かれた。尚子ちゃんの作品は「伊」の一字、熱海の伊豆山神社の「伊」を書いた作品は鯉城先生の作品の隣りで堂々と輝いていた。

尚子ちゃんは百歳まで生きると強い言葉で語ってくれた。神社仏閣を大切にする人生は素晴らしい。尚子ちゃんに名刺を下さいとお願いすると無いと言われた。立派な書道家なのに、なぜ名刺が無いのかと不思議に思う私に、尚子ちゃんは「私の職業は主婦です」とキッパリと言われ、私はその言葉に圧倒されてしまった。私は大好きな詩人茨城のり子さんを思い出した。のり子さんも家族を大切に季節のお漬物、料理を作る立派な主婦だった。

立派な作品を残す人は毎日の生活を一番に大切にするのだと感動した。

尚子ちゃんの恩師石橋犀水先生は、日本書道教育学会と日本書道芸術専門学校の創設者で、尚子ちゃんは、そこの専門学校の講師として後継者の教育に当たっている。

尚子ちゃんがこれから目指すは総理大臣賞、世の為、人の為に頂点を極めてほしい。

真実一路の辰巳望水さんに素晴らしい言葉を贈りたい。

「愛とロマンとストーリー」

五人の桜侍

君子蘭にエールを込めて

令和二年五月に面接を受け、その仕事に遣り甲斐を感じ、また、昔お世話になった玄米酵素の岩崎社長が仰《おっしゃ》っていた「食は命なり」の言葉に背を押され、一週間後には某公務員独身寮の寮母になっていた。余りの身の軽さに自分自身、驚きながらも新天地に足を踏み入れた。

高校や大学を卒業したばかりの彼らが社会人としての「基本」を学び、独身寮で集団生活をする。寮母としての初仕事は、朝食二十食、夕食二十食を作り寮生達に食べてもらうことだ。

しかし、寮生達は、何時迄《いつまで》待っても誰一人として顔を見ることはなく、凄く心細かった。やっと一人の寮生が顔を見せてくれたのは二日目の夕方で、その時、心が救われたような気がして「ホッ」と胸を撫でおろした。神様に見えたその寮生は、一斗君、二十二歳だった。

それから、二十歳代《はたちだい》の無限の可能性を秘めた若い寮生と食を通して向かい合う為、早朝三時から夜遅くまで、朝・夕食、そして、お弁当を一生懸命に作り、寮生達が心を開いてくれる努力をした。

そして、一斗君が皆に声掛けをしてくれたお陰もあり、食事をしに来てくれる寮生が少しずつ増えていった。

入寮して二年を過ぎる頃には彼らは、立派な公務員となり寮を出て行く。そして、逞しくなった同僚達とともに、一斗君にも寮を出て行く日がきた。心を込めて感謝状を書いた。

「貴方は　大器晩成型です　花言葉　希少価値の君子蘭を添えて　餞《はなむけ》の言葉と致します。」

カッコよく制服を決めた公務員達が、街のガーディアンとして、地域の風景に溶け込んでいく姿は美しい。

ご飯を良く食べ、良く寝て元気で明るい公務員になってほしいと、爽やかな五月の風と共にエールを送る。

鷲見仁義君はキングプロテア

雪が降り始めた頃、色白で優しい顔に礼儀正しい所作が加わった爽やかな青年が突然、私の職場に現れた。「仁義」実に日本男児にふさわしい名前で、彼は柔道二段。私は「すーちゃん」と親しく呼んだ。

長く花に関わってきた私は素敵な人と出会った時、その人柄などを花に重ねあわせイメージする癖がついていた。

すーちゃんは、南アフリカ共和国の国花にも指定されているキングプロテアを頭の中でイメージした。花言葉は「王者の風格」この花言葉がピッタリの青年だった。

彼は、平成十二年（二〇〇〇年）札幌生まれで二歳の頃から遊び着は柔道着だったらしく、百日のお祝いも柔道着でご両親との晴れやかな写真におさまったと想像できる。

お父様は柔道家で長男の誕生にどれだけの歓声を上げられ期待したことか、

ご両親の愛情をいっぱいにすくすくと育ち、弟と柔道するのが今は一番の楽しみとのこと、そうして多くの柔道家達が憧れる美唄出身のR・N氏の話題に興奮した。

私は日頃、夢の実現のために心がけていることがある。

自分に持ちきれない程の目標をたてて、大きな声で力強くその事を言葉にする。

その言葉は一億個の細胞に伝達されてそれに見合った行動しかとらないと教わっていた。

脳は偉いからそれ以外の行動はとらない。

すーちゃんに目標を聞いた。「日本一になること」だと力強くぶれのない言葉が返ってきた。

心、技、体、どれが欠けていても日本一にはなれない。しかし、周りの人達に愛されている彼は大丈夫だと感じた。

素直なすーちゃんの挑戦する姿は勇敢で美しく多くの人達に生きる感動を与えることは間違いない。

貴方にその素質は充分すぎるほどあると周囲から聞いている。

たった一回しかない人生に全身全霊をかけて夢に立ち向かう姿はカッコ良い。みんなが応援している。

すーちゃん、ガンバレ！

S君あなたは秋桜

優しさを漂わせどこか弱々しさも見え隠れする青年が秋桜の咲き始めた初秋、私の職場に現れた。

私は大ちゃんと親しみを込めて呼んだ。少し慣れた頃、「僕がここにいる間はここを辞めないで」と優しく声を掛けてくれた。

何かと自信を無くしていた私には、とても有り難い言葉だった。そんな彼に「何の花が好きですか」と尋ねると「秋桜」と答えが返ってきた。

いつも花に囲まれていた私には、彼には秋桜がピッタリだとイメージができた。

ピンクの秋桜の花言葉は「純潔」である。

彼はジムに通い日焼けして体重も五kg程増えてすっかり逞しい青年になっていった。

二十歳前後の男性は一ケ月も逢わないと見違えるように大人になっていく。

彼はピンクの秋桜からチョコレート秋桜に変身していった。花言葉は「恋の思い出」「移り変わらぬ気持ち」一途な彼は心優しい女性と恋に落ちたのだろうか。

夏の終わり頃から秋にかけて日本中に咲く秋桜が風に揺れる様は旅情的で郷愁を誘う、日本人の心の拠りどころなんだろうか。

秋桜のような爽やかな男性は街のガーディアンとして花を咲かせてほしい。

街の平和のために働く大ちゃんを心から応援している。

Y君は都忘れ

冬将軍到来の一月、長身のY君は私の職場に現れた。テキパキとした言動から、この寮でリーダーシップを取るのに相応しい青年に見えた。

当時、私は寮周辺の環境のことで悩み事を抱えていたので、少し性急かとも考えたが、Y君に思い切って相談してみた。

近所に変な人が徘徊していて安心して生活ができないと正直に話した。

Y君はいつも徘徊している五十歳位の男性に勇敢に注意してくれた。

そのお陰でその変な人の陰に怯えることはなくなった。

二十歳の青年に助けられた。

私にはY君が紫色の都忘れに見えた。

時代は遡り、徳川幕府の参勤交代で江戸に向かう時、道端に咲いていていた可憐な花は都忘れだ。

花言葉は「忘れないで」。

Y君はおじい様の話をする時、目が輝いていた。家族を尊敬し愛する心が分かった。

おじい様は武士の精神を持っていたのでしょう。

人生は紆余曲折があり転んだら起き上がることが大切だ。

「涓滴岩を穿つ」私の好きな言葉を贈ります。

いつまでも正義感を持ってカッコ良いガーディアンを目指して努力して下さい。

H・S君はカサブランカ

大寒を迎えた一月の夕刻、五人の侍は私の職場に現れた。

中にはコートを着ていない男子もいて、「ハテ」今は春だったかしらと勘違いする程、彼らはパワフルだった。

高校を出て間もない彼らは闊達で個性的で、私は直ぐニックネームを全員に付けた。

中でも身体も声も大きく色白でふくよかなH君を「団長」と名付け、イメージフラワーは、花言葉が「純粋」のカサブランカに決めた。

一九四二年の、戦火近づくフランス領モロッコを舞台にした映画〈カサブランカ〉や沢田研二の〈カサブランカダンディ〉など、花の王者カサブランカの名は世界で愛されている。

H君は全てのことを明るく受け入れる大きな器のように思えた。

大きな身体を揺すりながら「カンラカラカラ」と笑いながら、逆風にもなんのそのと、頑張ってもらいたい。
そうして街のガーディアンとして輝いて欲しい。
咲け、Ｈカサブランカ

ひとつの約束

昭和十九年太平洋戦争が益々激しくなる中、死んでも帰れぬニューギニアに出征する父の見送りに三十四歳の母と七歳の兄とともに、一歳半の私は母の背中で春の姫路港にいた。

気性の激しい母は突然「子供達と川に飛び込んで死んでやるから」とやり場のない怒りを父にぶつけていた。

「そんなことを言わないで、子供達は叱らないで優しく言い聞かせて大切に育ててくれ、もしも私が死んだら高野山に骨を納めてほしい」と懇願するように父は伝えていた。母の心臓の鼓動は背中にいる私にまで響いてくるようだった。

父は前夜、他の女性と過ごし、また、その女性も見送りに来ていたようだ。そんな言葉を交わし、父は人間が造り出した戦争という巨大な地獄に吸い込まれていった。どんな気持ちで輸送船に乗り込んだのであろうか。誰もが逃れることのできない時代の大きな波に翻弄されながらも、必死にもがき生き抜いた時代だった。


父を見送った三人は大阪市旭区の自宅にやっとの思いで辿り着き、母は玄関にヘナヘナと倒れるようにしゃがみ込み暫く放心状態だったらしく、向かいに住む坂さんが「一体どうしたの」と声を掛けてくれたほどだったらしい。

父は一ケ月程かかるニューギニアへの上陸までの間に立ち寄った港で母への葉書を託した。

「すまなかった。帰ったら真面目に生きてお前達を大切にする」そんな内容だったと私が還暦を迎えた頃、兄は話してくれた。

葉書に書かれた父の美しい字は今もはっきり覚えている。

身体の弱かった父に船底の環境がどれだけ残酷だったことか。

日本を発《た》って三ケ月もしないうちに熱帯雨林で伝染病にでも罹ったのかジャングルでひとり息を引き取ったのだった。

その後、大阪も益々空襲は激しく食糧事情も悪くなり、私達は祖母の住む北海道雨竜郡一已村に疎開した。昭和二十年三月から大阪の街は、米軍のB29爆撃機が飛来し街は壊滅状態になり一万人以上の市民が亡くなり、疎開が半年遅れていたら私達も死んでいたと母は語っていた。

父小林槌三郎は明治四十一年岡山県児島半島の胸上村で誕生した。子供の頃は翡翠色の瀬戸内海の胸上浜で押し寄せる波と戯れていたのだろうか。海の向こうに夢を抱いて十八歳の時に神戸に移り、その後大阪で服飾デザイナーとなり、明治四十三年生まれの母町田マキと結婚して一男二女が誕生した。昭和十六年十二月の真珠湾攻撃から始まった太平洋戦争、その十一ケ月後に誕生した私に、何事にも負けない人間になってほしいとの願いを込めて小林宏子と二十一画の強い名前をつけてくれた。

可愛い子供服を父がデザインして母が仕立てる。両親にとって戦前のそんな幸せな時代は長くは続かなかったようだ。

初めて高野山を訪れたのは、平成十五年春、戦病死した父と波乱万丈の人生を一〇一歳まで生き抜いた明治生まれの母の写真を持って、ある宿坊に泊まった。

午前五時から始まる読経の中、二メートルもある阿弥陀如来の懐に抱かれるように両親の写真は置かれた。

外は暗く燃え上がる太い蝋燭のもと五人の僧侶達による力強いお経が始まった途端、足の裏から突然温かいものが沸き上がり身体を突き抜け涙がほとばしりでた。ハンカチは忽《たちま》ち濡れ、隣の女性がソッとハンカチを差し出してくれた。泣くことなんか、すっかり忘れていたはずなのに、何故かその涙で清々しく優しい気持ちになった。

歳月が流れ兄も亡くなり弘法大師生誕千二百五十年にあたる令和五年(二〇二三年)、再び新緑の美しい五月に父との約束を果たすため高野山に登ってきた。平清盛が奉納した血曼陀羅のただならぬ気配が凛と伝わり身も清められる心持であった。この聖地には、平安時代に遡る父の出身地岡山の先祖達が葬られている。

奥の院で納骨の手続きをした。受付の僧侶からは「一度納骨を頂くと如何なる理由があろうとお返しすることができませんが、宜しいでしょうか」と丁寧な説明を受け、申込書に署名をして納骨代を奉納し奥に通された。

荘厳な本堂の空気の中で、納骨する人達が横一列に正座して静かに待った。立派な袈裟を纏った高僧により読経が始まり順番に焼香をした。

広い本堂に響きわたる大きな声で両親と私の名前が読み上げられた時「ああ、これでやっと両親の子供になれたのだ」と感慨深く身体が熱くなった。

やっと高野山に両親は一緒に眠ることができる。

父が戦地に発つときの言葉が遺言となり、母は自分が生きているうちにその約束を果たせなかったことを亡くなるまで気に掛けていたので、その約束を果たすことができて私は安堵した。約束から七十九年もの長い歳月が流れ私は八十歳になっていた。

納骨が終わった後、一二二一年鎌倉時代の尼将軍北条政子が源頼朝と息子実朝を弔うため建立した金剛三昧院に宿泊した。国宝を所有する唯一の宿坊で丁度満開を迎えた石楠花が咲き誇り見事な庭園で、余りの美しさに遠方より訪ねてくるカメラマン達は後を絶たず敷地内は賑わっていた。

高野山の五月は寒く、お風呂上がりの私はお布団にくるまり早々と眠った。

翌朝五時からの読経が終わると愛染明王の前で御住職の説教が始まった。年齢は七十歳ぐらいで人情味が溢れ、茶目っ気もあり、十年程前に草履しか履いたことがない御住職が、雪解けの札幌に行き足元がぐちゃぐちゃになり往生した話や政府から突然世界遺産に指定され、どうして良いのかも分からず、お金もようけ掛かって困ったことなど、色々な話を聞くことができ住職に親しみを持てた。

境内には白い犬が放し飼いされていたが、宿坊を後にする時、愛らしく尻尾を振って見送ってくれた。

私は宿坊に別れを告げ、七十九年前に父を戦地に見送った姫路港に向かった。瀬戸内海に面した姫路港は日本の繁栄の源であったことが想像できる活気あふれる大きな港だった。昭和十九年春、激戦地ニューギニアに出征する父の見送りの時は、母と兄と三人だったのに、今は一人で港に立っていた。港のターミナルで何処に行こうかと調べていると、小豆島が目に留まり心がときめいた。小豆島を舞台に高峰秀子扮する国民学校の大石久子先生の映画「二十四の瞳」を小学生の時に観たことが懐かしく思い出されたが、時間的に無理なので真浦行の遊覧船に乗った。小さな船の固い椅子に座り波に身を委ねてぼんやりと遠くニューギニアの方を見ていると、ふっと隣に父がいるような気がして、小さな声で「おとうちゃん」と呼んでみた。

その瞬間、温かい風が頬を撫ぜた。

洋服で多くの女性や子供達に活きる力を与えた父の人生は短かったけど、自分の夢を叶え幸せだったのだと想像する。

お洒落な背広にネクタイ、鳥打帽をかぶりステッキを持ち、三十人位の縫い子さん達の真ん中にいた父は凄く輝いていて、私の誇りでもあった。

バイオリンを弾き、ビリヤードに興じた父にはピッタリの曲、ルイ・アームストロングの曲「この素晴らしき世界」をごつごつとしたルイの歌声とトランペットの音色、そして幻の薔薇ブラックティを添えて瀬戸内海の港から波にのせて贈ります。

ブラック珈琲の香りが鼻を擽《くすぐ》るような、この濃い茶色の薔薇ブラックティは昭和五十年（一九七五年）創業の篠宮薔薇園が発明して、平成の初め全国の花市場に登場し、余りの薔薇の美しさに多くの人々が虜になった。

また、この薔薇は村松友視の小説『サイゴン・ティをもう一杯』にも登場する。多くの人達の苦しみや哀しみは時空を超えて、大きな海は全ての世界を優しく包んでくれる。

「愛だよ愛、もっともっと皆が愛しあったら沢山の問題なんて解決できる。そして世界はとびっきり面白くなる」とルイ・アームストロングは言っている。ルイは六十六歳を迎えた頃、心臓病を患いながらも希望の歌をうたい続け、熱いメッセージを世界に届けた。そして、人々の心は彼の歌に救われた。

父と一緒に生きてこられなかった分、人の温もりと優しさの中で多くの景色を見ることができた。今迄、お世話になった人達にこれから、どれだけの恩返しができるのか。

花の生命力に自分を託して雑草のように生きてこられたのは、父の熱い願いがあったからだと思う。

昭和十九年、父から母に託された約束を果たすことができた。家族の絆は紡ぎ続ける。

泥にまみれて美しく咲く蓮の花のように、私も命ある限り娑婆の泥にまみれながら咲き続けたい。

父の細い小指に私の逞しい小指を絡めて約束をした。

万華鏡のような私の人生は、今また、ここからスタートですよ。幸せになりますと。

おとうちゃん、たくさんたくさん、ありがとう。

やっと、おかぁちゃんと一緒に居られるね。

あとがき

多くの方々との出逢いで数えきれない程の感動を頂きました。

今迄の人生を反省し勇気と目標をもって力強く夢に向かいます。

文学は人生を豊かにします。

八十二歳の誕生日を機に自分史を出版させて頂くことと致しました。

今は渡り鳥のアネハヅルがやっと気流をみつけヒマラヤ山脈越えをする光景をイメージすることが出来ます。

文芸思潮五十嵐勉編集長、中西出版株式会社林下英二社長、七十年来の友人辰巳望水さん、これまでお世話頂いた全ての皆様に心より感謝申し上げます。

略歴

小林　宏子（こばやし　ひろこ）

1942年　大阪市生まれ
1960年　北海道立奈井江高校卒業
　　　　北海道開発局勤務
1972年　ギャラリー鷹勤務
1975年　喫茶店開業
1987年　花屋　花は・はなみち・夢・カレッジ開業

有限会社はなみち代表取締役
現在に至る

野心

発　行　2024年11月15日　初版第１刷
著　者　小林宏子
発行者　林下英二
発行所　中西出版株式会社
　　　　〒007-0823 札幌市東区東雁来3条1丁目1-34
　　　　TEL 011-785-0737　FAX 011-781-7516
印刷所　中西印刷株式会社
製本所　石田製本株式会社

落丁・乱丁本はお取り替えいたします。

ISBN978-4-89115-441-7